Konzept, Bastelarbeiten, Text:
Hannah Kastenhuber

Illustrationen:
Charlotte Wagner: Titel, S. 4, 12, 15, 16, 18, 20, 22, 25, 26, 28, 31, 34, 36, 39, 40, 42, 45, 46, 48, 50, 52, 56, 58, 61
Sonja Gagel (Schritt-für-Schritt-Anleitungen): 13, 15, 17, 27, 29, 31, 35, 37, 39, 41, 43, 45, 49, 57, 59, 61
Christine Brand (Schritt-für-Schritt-Anleitungen): 19, 21, 23, 25, 47, 51, 53

Fotos:
Jens Wegener: S. 7 (3), 8 (2), 12, 14, 16, 18, 20, 22, 24, 26, 28, 30, 34, 36, 38, 40, 42, 46, 50, 52, 56, 58, 60, 64 (4);
Hannah Kastenhuber: 44, 48;
iStockphoto: S. 2/3 (Imgorthand), 6 (Jokic), 7 (ozgurcankaya), 8 (AND-ONE), 10 (ozgurcankaya, Marita Sibatrov, romrodinka), 11 (Imgorthand), 32 (SashaFoxWalter, ArtMarie, Oksana_Schmidt), 54 (Oleh_Slobodeniuk, Liudmila Chernetska), 55 (zeljkosantrac), 62/63 (Imgorthand);
Adobe Stock: S. 7 (Maren Brink); photocase: S. 9 (markusspiske), 33 (MissX); pixabay: S. 54

Gestaltung: Tocologo Kommunikationsdesign
Repro: m4p Kommunikationsagentur GmbH, Nürnberg
Druck und Bindung: TBB, a. s., Banská Bystrica
Printed in the Slovak Republic

ISBN 978-3-946360-65-0

Hannah Kastenhuber (Hg.)

Natur-WERKSTATT

Basteln & Spielen

Mit Illustrationen von
Charlotte Wagner, Sonja Gagel und Christine Brand
sowie vielen Fotos von Jens Wegener

klein & groß
Verlag

BASTELZAUBER

Natur

Zu jeder Jahreszeit kann man in der Natur wunderbare Dinge zum Basteln entdecken. Und mit nur wenigen Hilfsmitteln entstehen aus diesen Fundstücken die schönsten Kreativ- und Spielprojekte!

FRÜHLING & SOMMER

SPIELEN

HERBST & WINTER

FRÜHLING
& SOMMER

WILLKOMMEN, *liebe Insekten!*

DU BRAUCHST:

Konservendose ohne Deckel / Nagel / Hammer / grüne Acrylfarbe / Pinsel
Moosgummi (grün, weiß, schwarz) / Schere / Kleber / Schnur / Bambusstäbe / Säge

1 Zuerst wäschst du die Konservendose gründlich aus. Dann fragst du einen Erwachsenen, ob er dir in die Dosen-Unterseite und in die Nähe der Dosen-Öffnung jeweils ein kleines Loch bohrt. Am besten lassen sich die Löcher mit einem Nagel und einem Hammer schlagen.

2 Nun malst du die Dose grün an.

3 Aus Moosgummi schneidest du sechs Beine, zwei Augen und zwei Fühler aus und klebst sie auf die Dose.
Durch die beiden Löcher ziehst du die Schnur und knotest sie an den Enden zusammen.

4 Mit Hilfe eines Erwachsenen sägst du die Bambusstäbe in passende Stücke und steckst diese in die Dose. Sobald die Dose ganz ausgefüllt ist, kannst du dein Insektenhotel auf dem Balkon oder im Garten aufhängen!

BUNTE *Langhälse*

DU BRAUCHST:

verzweigte, trockene Äste / Gartenschere / Acrylfarbe
Pinsel / Wackelaugen / Kleber / Geschenkband

1 Halte bei einem Spaziergang Ausschau nach verzweigten Ästen. Zu Hause lässt du dir die Äste von einem Erwachsenen so zurechtschneiden, dass sie stehen können.

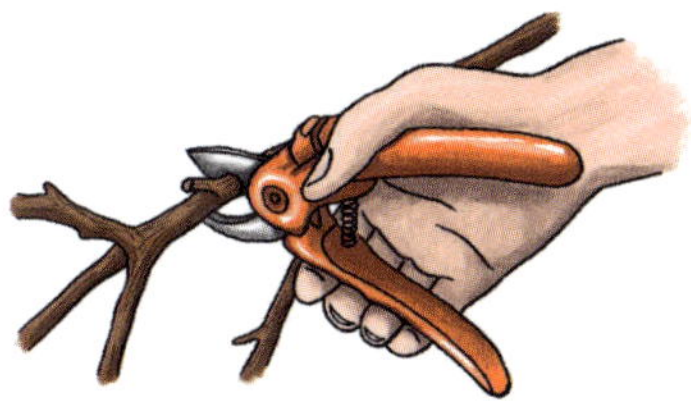

2 Male deine Wüsten-Langhälse mit Acrylfarbe an. Klebe ihnen anschließend Wackelaugen auf.

3 Aus Geschenkband kannst du deinen Tieren noch Haare basteln und ankleben – fertig!

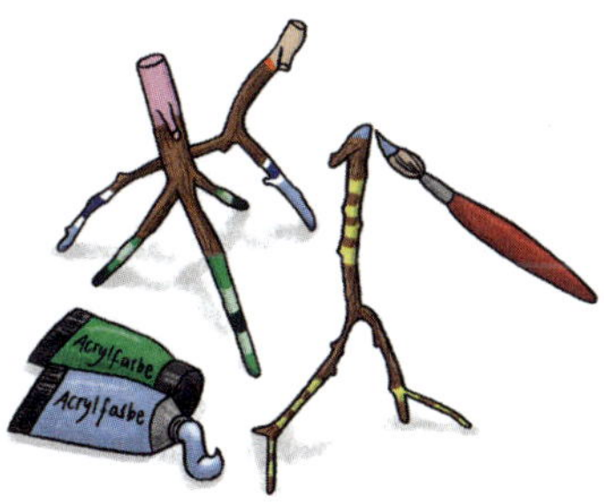

BLÜHENDE *Anhänger*

DU BRAUCHST:

Blüten / Küchenpapier / ein dickes Buch / 100 Gramm Mehl / 100 Milliliter Wasser
50 Gramm Salz / 1 Teelöffel Öl / Nudelholz / Schaschlikspieß / Acrylfarben
Pinsel / Kleber / Bänder

1 Zuallererst musst du dich auf die Suche nach schönen Blüten machen und diese dann zu Hause pressen. Wenn du keine Blumenpresse hast, kannst du die Blüten zwischen zwei Bogen Küchenpapier legen und mit einem dicken Buch beschweren. Nach ein paar Wochen sollten die Blüten getrocknet und gepresst sein.

2 Um den Salzteig herzustellen, verknetest du Mehl, Wasser, Salz und Öl.

3 Nun rollst du den Teig aus und schneidest Formen für deine Anhänger aus, die dir gefallen.
Bohre in die Formen mit einem Schaschlikspieß ein oder zwei kleine Löcher und backe sie etwa eine Stunde im Backofen bei 140 Grad.

4 Sobald der Salzteig ausgekühlt ist, kannst du ihn mit Acrylfarbe anmalen.
Jetzt musst du nur noch die Blüten aufkleben und Bänder durch die Löcher fädeln – fertig ist deine Kette!

WIR SPIELEN *Fußball!*

DU BRAUCHST:

flache Steine / Acrylfarben / Pinsel in verschiedenen Größen
wasserfesten schwarzen Filzstift

1 Zuerst malst du die Steine mit weißer Acrylfarbe an und lässt sie trocknen.

2 Nun malst du auf deine Steine Gesichter und Trikots in verschiedenen Farben.

3 Augen und Nasen kannst du mit einem schwarzen Filzstift zeichnen. Die Nummern malst du am Schluss mit weißer Acrylfarbe auf.

4 Auf längliche oder rechteckige Steine zeichnest du mit schwarzem Filzstift die Tore, auf einen runden Stein einen Fußball. Viel Spaß!

PIEP! PIEP! *Piiieep!*

DU BRAUCHST:

Wäscheklammern / Acrylfarbe / Pinsel / Kleber
Federn / Wackelaugen / Tonpapier / Schere

1 Zuerst malst du mit Acrylfarbe die Wäscheklammern bunt an.

2 Sobald die Farbe getrocknet ist, klebst du Federn und Wackelaugen auf.

3 Aus Tonpapier schneidest du Schnäbel aus und klebst sie unter die Augen. Lustig!

TIPP

Du kannst bunte Federn im Bastelladen kaufen – oder bei einem Spaziergang die Augen offen halten!

HILFE, *das pikst!*

DU BRAUCHST:

Steine / Pinsel / grüne und weiße Acrylfarbe / weißen Glanzlack-Marker
kleine Blumentöpfe / selbsthärtende Modelliermasse / Sand

1 Male die Steine mit grüner und die Blumentöpfe mit weißer Acrylfarbe an.

2 Sobald die Farbe getrocknet ist, kannst du mit einem weißen Glanzlack-Marker ein Muster auf deine Kakteen malen.

3 Fülle die Blumentöpfe zu etwa drei Vierteln mit selbsthärtender Modelliermasse. Da hinein steckst du die Steine.

4 Den Rest füllst du zuletzt mit Sand auf. Fertig!

FRÖHLICHE *Waldwichtel*

DU BRAUCHST:

Zweige / grünen Filz / Schere / Kleber / weiße Acrylfarbe
Pinsel / schwarzen Filzstift / Holzperlen

1 Sammle auf einem Spaziergang einige kleine Zweige. Die Zweige dürfen ruhig ein bisschen krumm gewachsen sein.

2 Aus grünem Filz schneidest du ein Dreieck aus, rollst es zu einer Mütze und klebst es zusammen. Dann steckst du die Mütze auf den Zweig.

3 Die Nase ist entweder ein Astloch oder eine Holzperle, die du anklebst. Den Mund malst du mit schwarzem Filzstift auf. Über der Nase malst du dem Waldwichtel mit weißer Acrylfarbe und schwarzem Filzstift Augen auf.

EINE BURG AUS *Sand*

DU BRAUCHST:

feinen Sand (gut eignet sich auch Dekosand aus dem Bastelladen)
flüssigen Kleber / Tonpapier

1 Überlege dir als Erstes ein Motiv für dein Sandbild. Dann malst du die Umrisse mit flüssigem Kleber auf das Tonpapier.

2 Anschließend streust du Sand darüber.

3 Sobald der Kleber getrocknet ist, schüttelst du den überschüssigen Sand vorsichtig vom Tonpapier. Fertig ist deine Sandburg!

AHOI, *Piraten!*

DU BRAUCHST:

für das Floß: Stöcke / Gartenschere / Paketschnur / Stoffrest
für die Piraten: Klorollen / Acrylfarbe / Pinsel / schwarzen Filzstift / Schere
Stoff- oder Filzreste / Cutter / Kleber / weißes und rotes Tonpapier / Federn

1 Für das Floß sammelst du einige Stöcke, die du auf eine Länge von etwa 20 bis 25 Zentimeter kürzt. Nun umwickelst du die Enden der Stöcke mit Paketschnur und knotest diese fest. Damit das Floß stabiler ist, kannst du das auch zweimal machen. Aus einem Stoffrest schneidest du ein Dreieck aus und klebst es als Segel an ein dünnes Stöckchen. Dieses Stöckchen steckst du zwischen zwei Stöcke deines Floßes und klebst es mit Alleskleber fest.

2 Mit beigefarbener oder hellrosa Acrylfarbe malst du die Klorollen an. Sobald die Farbe getrocknet ist, malst du den Piraten Gesichter auf.

3 Aus Stoff- oder Filzresten schneidest du Kopftücher oder Hüte aus und klebst sie an.

4 Auf die untere Hälfte der Klorollen klebst du zwei Streifen aus unterschiedlichen Stoffresten. Nun sind deine Piraten fertig!

5 Für den Papagei schneidest du eine Klorolle etwa in der Mitte schräg ab und malst sie rot an. Aus weißem und rotem Tonpapier schneidest du Gesicht und Schnabel aus und klebst beides zusammen mit den Federn an.

LEUCHTENDE *Muscheln*

DU BRAUCHST:

LED-Lichterkette / Hanfseil oder Naturseil
Kamm-Muscheln / Kleber

1 Mach dich als Erstes auf die Suche nach schönen Muscheln.

2 Klebe immer etwa zwei gleich große Muschelhälften um die LED-Lichter.

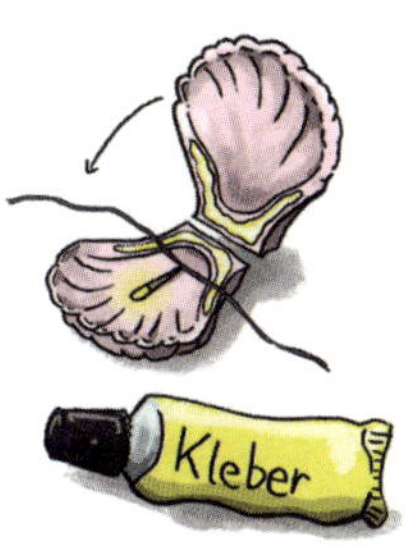

3 Sobald der Kleber getrocknet ist, kannst du das Seil um die Schnur der Lichterkette wickeln. Jetzt musst du deine Lichterkette nur noch aufhängen!

HERBST
& WINTER

ZARTE Libellen

DU BRAUCHST:

Ahornsamen / dünne Zweige
Acrylfarbe / Pinsel / Kleber

1 Sammle auf einem Spaziergang den Samen von Ahornbäumen und dünne Zweige.

2 Male den Ahornsamen und die Zweige mit Acrylfarbe bunt an.

3 Sobald die Farbe getrocknet ist, kannst du den Samen auf die Zweige kleben.

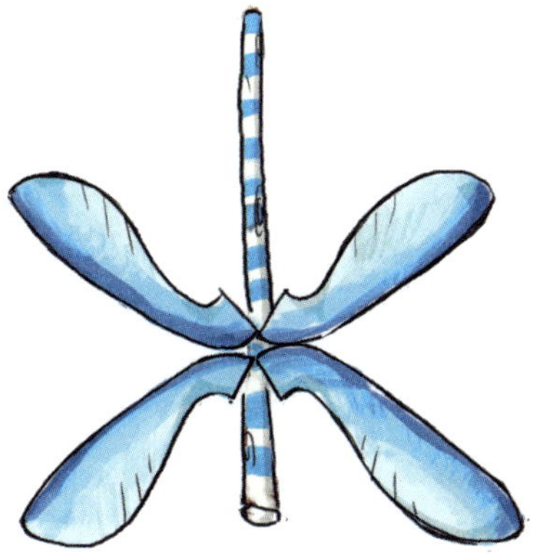

4 Achte beim Kleben darauf, dass das obere Flügelpaar nach oben und das untere nach unten zeigt!

LUSTIGE Äffchen

DU BRAUCHST:

Kastanien / Acrylfarbe / Pinsel / schwarzen Filzstift / braunen Filz
Schere / Kleber / Handbohrer / braune Pfeifenputzer / Holzperlen / Zahnstocher

1 Zuerst malst du mit Acrylfarbe und schwarzem Filzstift Bäuche und Gesichter auf die Kastanien.

2 Dann schneidest du aus braunem Filz Ohren aus und klebst sie an.

3 Mit einem kleinen Handbohrer bohrst du Löcher in die Kastanien. Da hinein steckst du Arme und Beine aus Pfeifenputzern. Wenn du möchtest, kannst du unten an die Beine noch Holzperlen stecken.

4 Zum Schluss halbierst du einen Zahnstocher und verbindest damit den Affenkörper mit dem Kopf.

TIERISCHER Wandschmuck

DU BRAUCHST:

Holzscheiben / Acrylfarbe / Pinsel / Filzreste
Schere / Kleber / Draht

1 Als Erstes malst du mit Acrylfarbe Tierköpfe auf die Astscheiben.

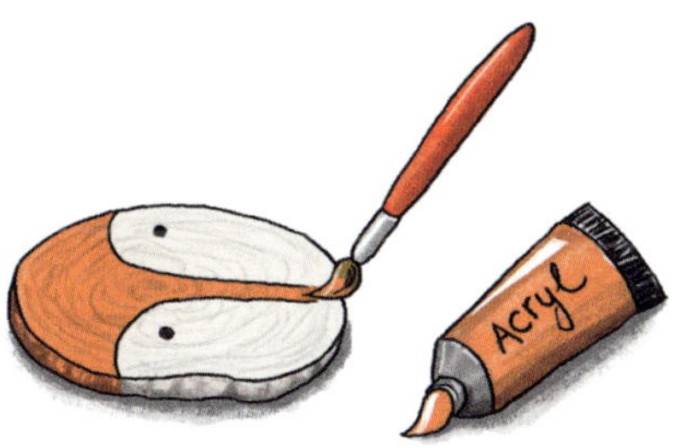

2 Ist die Farbe getrocknet, schneidest du Ohren oder Füße aus Filz aus und klebst sie fest.

3 Aus Draht formst du nun einen Aufhänger und klebst ihn an der Rückseite der Astscheibe fest.

STEINIGE *Familie*

DU BRAUCHST:

flache Steine / Acrylfarbe
einen feinen und einen gröberen Pinsel

1 Erst einmal suchst du dir einige kleinere Steine für die Köpfe und die gleiche Anzahl an größeren Steinen für die Oberkörper aus.

2 Mit Acrylfarbe und dem gröberen Pinsel malst du die Steine hautfarben an.

3 Sobald die Farbe getrocknet ist, kannst du Kleidung und Gesichter aufzeichnen. Besonders schön sieht es aus, wenn deine Figuren unterschiedliche Kleidung tragen und auch unterschiedliche Gesichtsausdrücke haben. Sie können zum Beispiel fröhlich, wütend, nachdenklich oder traurig sein.

4 Tausch doch einmal die Gesichter untereinander aus, sobald du einige Figuren fertiggestellt hast. Welcher Oberkörper passt zu welchen Gesichtern? Und welche Kombination sieht merkwürdig aus?

SCHLAFT GUT, *Mäuse!*

DU BRAUCHST:

Walnüsse mit Schalen / Haselnüsse mit Schalen / schwarzen Filzstift
Stoffreste / Schere / Kleber / graue Filzreste

1 Zuerst musst du die Walnüsse so knacken, dass du zwei halbe Walnuss-Schalen erhältst.

2 Mit schwarzem Filzstift malst du ein schlafendes Mäusegesicht auf die Haselnuss. Dann klebst du die Nuss am oberen Ende einer halben Walnuss-Schale fest.

3 Aus Stoffresten schneidest du eine Bettdecke für deine Maus aus und klebst sie am Rand der Walnuss fest.

4 Aus grauem Filz schneidest du nun Ohren und Schwanz aus und klebst sie ebenfalls an.

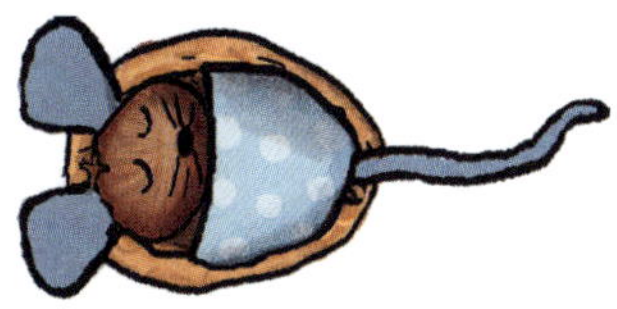

PIEPMÄTZE IM *Winter*

DU BRAUCHST:

ganze Mandeln / Filzreste / Schere / schwarzen Filzstift / gelbes Tonpapier
Kleber / Draht / dünne Zweige / Paketschnur

1 Aus Filzresten schneidest du eine Mütze für deinen Vogel aus. Klebe sie an der Oberseite der Mandel fest.

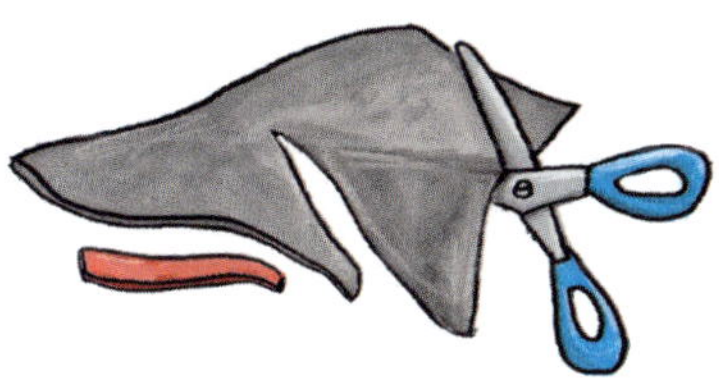

2 Die Augen malst du mit einem schwarzen Filzstift auf die Mandel. Den Schnabel schneidest du aus gelbem Tonpapier aus und klebst ihn fest.

3 Aus Draht formst du zwei Beine und klebst sie an die Rückseite deines Vogels. Unter die Füße klebst du einen dünnen Zweig.
Um deinen Vogel aufzuhängen, bindest du zuletzt eine Schnur an die Mütze.

STARKER *Hirsch*

DU BRAUCHST:

2 bis 3 Äste / Wellpappe / Stift / Schere / Kleber
2 kleine und 1 größere Astscheibe / 2 kleine und 1 größere Filzkugel

1 Im Wald suchst du zwei Äste, die Ähnlichkeit mit einem Geweih haben.

2 Dann malst du auf Wellpappe den Umriss eines Hirsch-Kopfes und schneidest ihn aus.

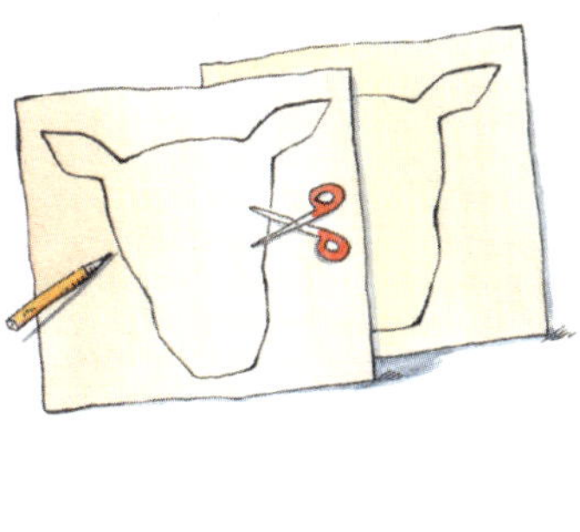

3 Den Kopf legst du auf einen zweiten Bogen Wellpappe, umrandest ihn und schneidest ihn aus. Nun klebst du die beiden Köpfe aneinander.

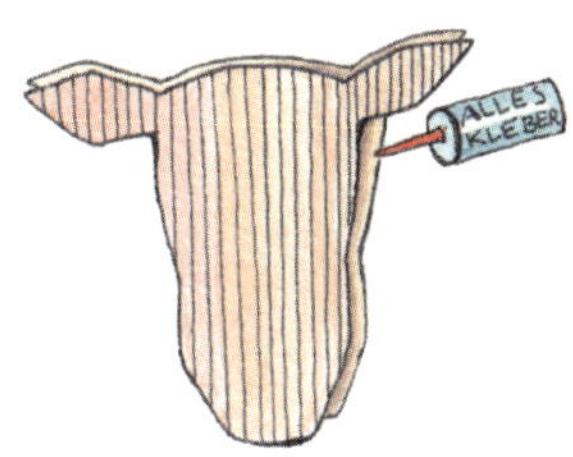

4 Aus Astscheiben und Filzkugeln bastelst du Augen und Schnauze und klebst sie an. Mit Alleskleber befestigst du zuletzt das Ast-Geweih am Hirsch.

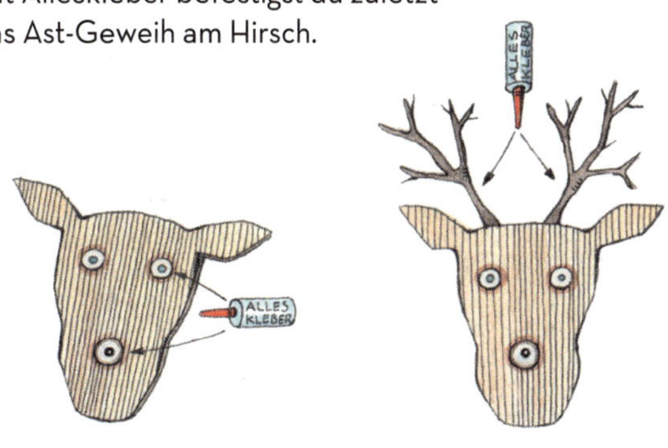

EISKALTE *Taler*

DU BRAUCHST:

verschiedene Naturmaterialien: zum Beispiel Beeren, kleine Zapfen, Gräser, leere Schneckenhäuser / flache Plastikschüsseln / Schnur / Schere / Klebeband

1 Erst einmal machst du dich auf die Suche nach Naturschätzen und sammelst zum Beispiel kleine Zapfen, Eicheln, Blüten, Gräser oder Beeren.

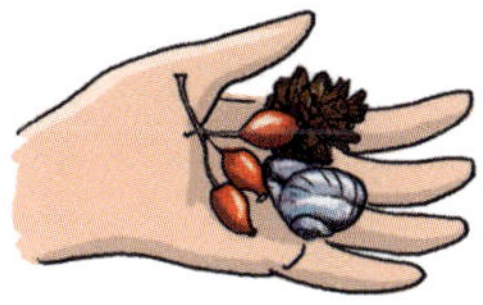

2 Dann schneidest du ein etwa 30 bis 40 Zentimeter langes Stück Schnur ab. Klebe es so am Rand der Schüssel fest, dass beide Enden der Schnur am Boden der Schüssel liegen.

3 Nun ordnest du deine gesammelten Naturmaterialien in der Schüssel an. Anschließend gießt du vorsichtig Wasser darauf. Der Boden der Schüssel soll vollständig mit Wasser bedeckt sein.

4 Stell die Schüssel ins Eisfach und warte ein paar Stunden. Sobald das Wasser gefroren ist, kannst du deinen Eistaler vorsichtig aus der Form lösen und draußen aufhängen.

EULEN IM *Schnee*

DU BRAUCHST:

Kiefernzapfen / Watte / Eichelhütchen / Pinsel
Acrylfarbe (weiß, schwarz, rot) / Schere / Alleskleber

1 Als Erstes umwickelst du die Zapfen mit Watte. Drücke die Watte zwischen den Schuppen fest!

2 In das Innere der Eichelhütchen malst du mit weißer und schwarzer Acrylfarbe Augen.

3 Nun reißt du eine der Schuppen aus dem Zapfen. Schneide die Schuppe in Form eines Schnabels zu. Male den Schnabel rot an.

4 Sobald die Farbe getrocknet ist, klebst du Augen und Schnabel fest.

ES WEIHNACHTET *sehr!*

DU BRAUCHST:

Zweige / Gartenschere / Alleskleber / grüne Wolle
kleine Pompons in verschiedenen Farben

1 Schneide einen Zweig so zurecht, dass du daraus ein Dreieck kleben kannst. Aus einem kleinen Stück Zweig klebst du einen Stamm an deinen Baum.

2 Nun umwickelst du deinen Baum mit grüner Wolle und klebst die Woll-Enden fest.

3 Zum Schluss klebst du noch Pompons in verschiedenen Farben an deinen Baum – fertig!

TIPP

Mit einer Nylonschnur, die du an den Baumspitzen festbindest, kannst du deine Weihnachtsbäume aufhängen.

SPIELEN

DREI *gewinnt!*

DU BRAUCHST:

10 flache Steine / Pinsel / Acrylfarbe / Wackelaugen / Moosgummi (rot und weiß)
Schere / Kleber / ein Stück Pappe (etwa 20 Zentimeter x 20 Zentimeter) / Kordel

1 Zuerst malst du jeweils fünf Steine in der gleichen Farbe an.

2 Sobald die Farbe getrocknet ist, klebst du Wackelaugen und Münder aus Moosgummi auf.

3 Dann unterteilst du das Spielfeld in neun Felder, indem du eine Kordel in gleichen Abständen zweimal senkrecht und zweimal waagrecht über die Pappe führst und auf der Rückseite festklebst.

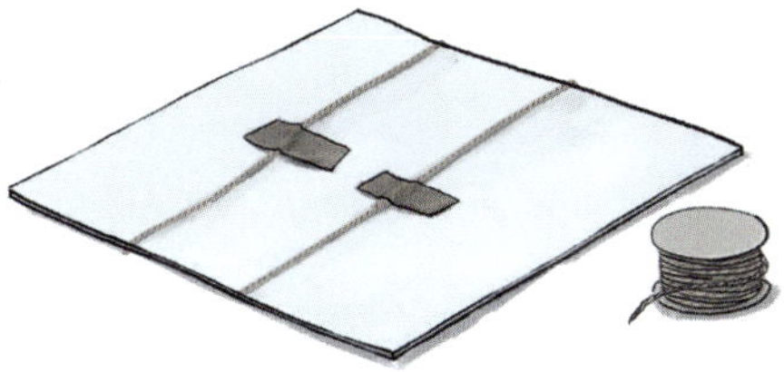

So wird gespielt:
Gespielt wird zu zweit. Nachdem alle Mitspielende fünf Steine einer Farbe erhalten haben, dürfen diese ihre Steine abwechselnd auf ein freies Feld setzen. Wer als Erstes drei Steine nebeneinander, untereinander oder diagonal setzen konnte, gewinnt. Gelingt das niemandem, geht das Spiel unentschieden aus.

ROTKÄPPCHEN TRIFFT *Wolf!*

DU BRAUCHST:

2 Fichtenzapfen / 2 Holz- oder Styroporkugeln (Durchmesser 4 bis 5 Zentimeter)
Acrylfarbe / Pinsel / Filzstifte / Stoff oder Filz (rot, grau, hellgrau und schwarz)
Schere / Alleskleber / Geschenkband / Knetmasse

1 Male eine der Kugeln hellgrau, die andere hellbeige an. Sind die Farben getrocknet, malst du dem Rotkäppchen Gesicht und Haare auf.

2 Für das Gesicht des Wolfs schneidest du Maul, Nase, Augen und Ohren aus Filz- oder Stoffresten aus und klebst sie auf.

3 Auf dem Kopf des Rotkäppchens klebst du einen roten Umhang aus Filz fest. Nun kannst du die beiden Köpfe auf die Fichtenzapfen kleben. Zum Schluss bindest du um den Hals des Rotkäppchens noch ein Geschenkband.

4 Möchtest du deine Figuren aufstellen? Dann drücke sie in etwas Knetmasse. Jetzt kannst du das Märchen nachspielen. Und wenn du Lust hast, bastelst du noch die anderen Figuren aus der Geschichte!

Kennst du das Märchen vom Rotkäppchen und dem Wolf?

Wenn nicht, kannst du es hier downloaden: **kleinundgross-verlag.de/extra**

WIR SPIELEN *Mikado!*

DU BRAUCHST:

27 gerade, dünne Stöckchen / Gartenschere / Schere / Kleber
Geschenkband in unterschiedlichen Farben

1 Nachdem du 27 ähnlich dicke Stöckchen gesammelt hast, schneidest du sie mit einer Gartenschere auf etwa 20 Zentimeter zu.

2 Nun klebst du aus Geschenkband Ringe um die Stöcke. Je sieben Stöcke bekommen zwei, drei und vier Ringe, fünf Stöcke bekommen fünf Ringe, und ein Stock bekommt sieben Ringe.

So wird gespielt:
Ein Mitspieler oder eine Mitspielerin hält alle Stöcke in den Händen und lässt sie gleichzeitig los, so dass sie durcheinanderfallen. Die Spielerin oder der Spieler zur Linken darf beginnen.
Die Spielerin oder der Spieler sucht sich ein Stöckchen aus und versucht, es vorsichtig hochzuheben. Achtung! Die übrigen Stöckchen sollen sich dabei nicht bewegen! Schafft das die Spielerin oder der Spieler, darf sie oder er das Stöckchen behalten und bekommt einen neuen Versuch. Bewegt sich eines der anderen Stöckchen, ist der nächste Mitspieler oder die nächste Mitspielerin an der Reihe.
Zum Schluss zählen alle die Ringe auf ihren Stöckchen zusammen. Gewonnen hat die Mitspielerin bzw. der Mitspieler mit den meisten Ringen!